¿De dónde viene?

De la oveja al calcetín

por Avery Toolen

Bullfrog en español

Ideas para padres y maestros

Bullfrog Books permite a los niños practicar la lectura de textos informativos desde el nivel principiante. Las repeticiones, palabras conocidas y descripciones en las imágenes ayudan a los lectores principiantes.

Antes de leer

- Hablen acerca de las fotografías. ¿Qué representan para ellos?
- Consulten juntos el glosario de las fotografías. Lean las palabras y hablen de ellas.

Durante la lectura

- Hojeen el libro y observen las fotografías. Deje que el niño haga preguntas. Muestre las descripciones en las imágenes.
- Léale el libro al niño o deje que él o ella lo lea independientemente.

Después de leer

- Anime al niño para que piense más. Pregúntele: ¿Qué tipo de calcetines usas? ¿Te has preguntado alguna vez de dónde vienen?

Bullfrog Books are published by Jump!
5357 Penn Avenue South
Minneapolis, MN 55419
www.jumplibrary.com

Library of Congress Cataloging-in-Publication Data

Names: Toolen, Avery, author.
Title: De la oveja al calcetín / por Avery Toolen.
Other titles: From sheep to sock. Spanish
Description: Minneapolis: Jump!, Inc., [2022]
Series: ¿De dónde viene?
Translation of: From sheep to sock.
Audience: Ages 5–8 | Audience: Grades K–1
Identifiers: LCCN 2021004093 (print)
LCCN 2021004094 (ebook)
ISBN 9781636901626 (hardcover)
ISBN 9781636901633 (paperback)
ISBN 9781636901640 (ebook)
Subjects: LCSH: Woolen goods—Juvenile literature.
Socks—Juvenile literature. | Wool—Juvenile literature.
Classification: LCC TS1626 .T6618 2022 (print)
LCC TS1626 (ebook) | DDC 677/.31—dc23

Editor: Eliza Leahy
Designer: Michelle Sonnek
Translator: Annette Granat

Photo Credits: valkoinen/Shutterstock, cover (left); Eric Isselee/Shutterstock, cover (right), 1; PeJo/Shutterstock, 3; GrashAlex/Shutterstock, 4; patjo/Shutterstock, 5, 23tm; Juice Flair/Shutterstock, 6–7, 22tl, 23br; James King-Holmes/Alamy, 8–9; iStock, 10, 22tr; Sergieviev/Shutterstock, 11; wpohldesign/iStock, 12–13, 22mr, 23bl; Science & Society Picture Library/Getty, 14–15, 22br, 23bm; Bloomberg/Getty, 16; JIANG HONGYAN/Shutterstock, 17, 22bl, 23tr; Lee waranyu/Shutterstock, 18–19; DisobeyArt/Shutterstock, 20–21, 22ml; Reinhold Leitner/Shutterstock, 23tl; Evikka/Shutterstock, 24.

Tabla de contenido

Hilar y tejer

David usa calcetines de lana.

¿De dónde vienen?

¡De las ovejas!

Sus pelajes están hechos de lana.

Los granjeros trasquilan las ovejas.

lana

La lana va a
una fábrica.

Ahí se lava.

Una máquina
la vuelve suave.

Otra máquina
la hila.

Así se hace el hilo.

El hilo se tiñe.

Este viene en varios colores.

¡Qué divertido!

hilo

Una máquina teje cada calcetín.

Eso toma unos pocos minutos.

¡Guau!

Los calcetines se lavan y se secan.

Se emparejan.

Los calcetines se envían a las tiendas.

¡Nosotros los compramos!

¡Nuestros pies se mantienen calientes!

De la lana a los pies

¿Cómo se convierte la lana de las ovejas en los calcetines que usamos? ¡Echa un vistazo!

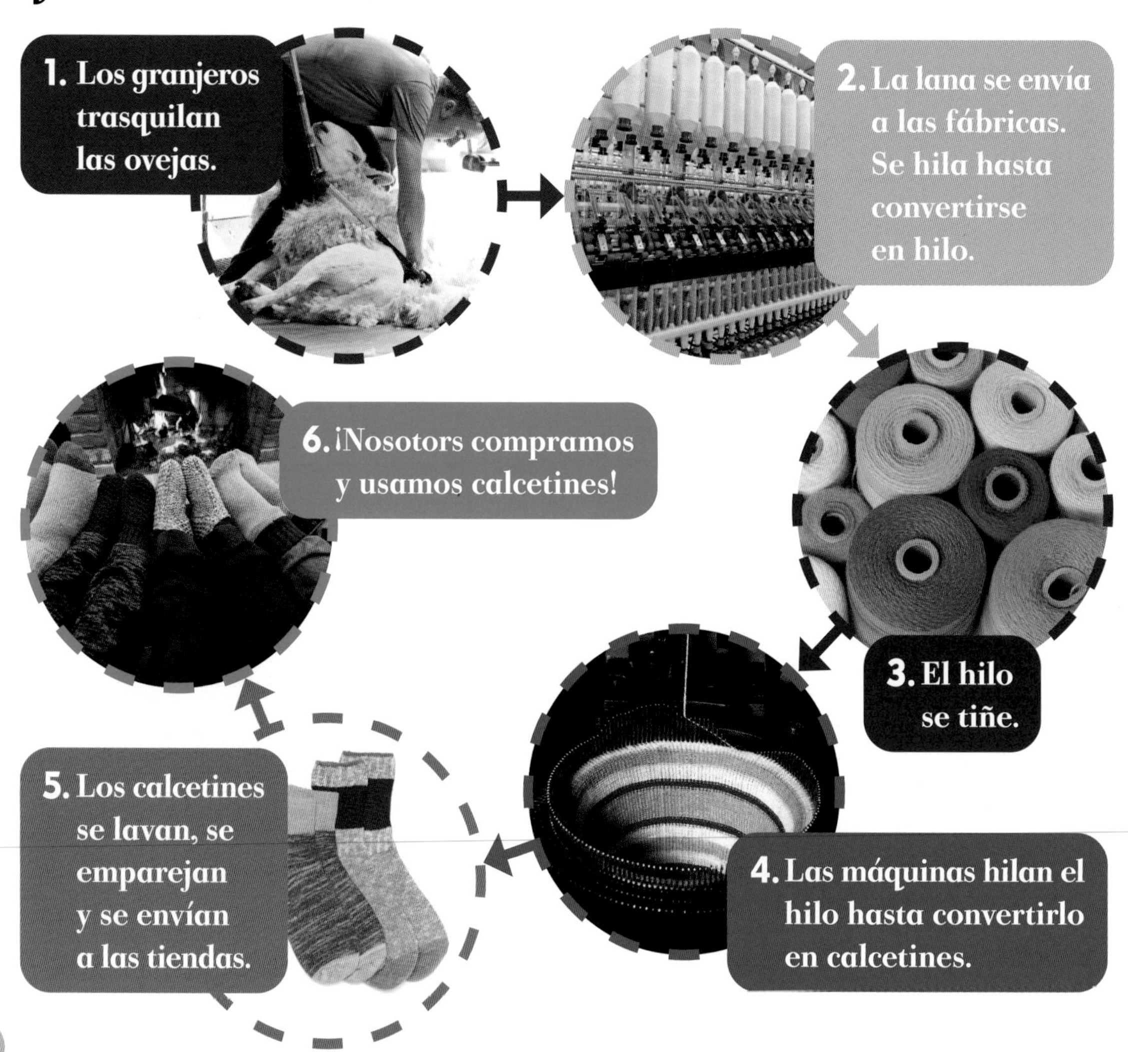

Glosario de fotografías

lana
El suave, grueso y rizado pelo de las ovejas y de otros animales.

pelajes
Las capas externas de piel, pelo o lana en los animales.

se emparejan
Se agrupan en conjuntos de dos.

se tiñe
Se le cambia el color a algo al usar una sustancia.

teje
Hace tela comenzando por el hilo.

trasquilan
Cortan o recortan el pelo o la lana de un animal.

Índice

Para aprender más

Aprender más es tan fácil como contar de 1 a 3.

1. Visita www.factsurfer.com
2. Escribe “delaovejaalcalcetín” en la caja de búsqueda.
3. Elige tu libro para ver una lista de sitios web.